당신 덕분입니다

류근홍 시집

문학의전당 시인선
0317

당신 덕분입니다

류근홍 시집

문학의전당

시인의 말

피곤하여 곤히 잠을 자고 있는데
새벽녘에 물기둥을 타고 떨어지는 빗소리에 뒤척이다
내내 가위에 눌렸다

짓눌렸던 몸을 일으키고 창밖을 보니
땅속을 움켜쥐고 있던 나무와 마른 풀들이
시커멓게 젖어 떨고 있다

아내와 난
무거운 몸으로 약통에서 파스를 찾아
근육이 보이는 곳마다
서로 붙여주었다

2020년 2월
류근홍

차례 시인의 말

제1부

직장인 13
어느 무덤 14
고통 1 16
고통 2 17
고통 3 18
적막 20
춘수추사 21
투병 22
봄은 오는데 24
위선자 25
갈대는 26
나는 똥싸개 28
희망 29
고아 30
굳은살만 벗겨내고 32
위장술 34

제2부

내 이름 석 자 37
흡혈귀 38
고인돌 여인 40
거짓말 1 42
거짓말 2 43
이별 44
잘못된 만남 46
어머니와 아버지 48
봄의 여인 49
뒤바뀐 주인 50
다툼 52
푸념 54
이제야 알겠다 56
후회 58

제3부

허물투성이   61
고추 따기 1   62
고추 따기 2   64
고추 따기 3   66
고추 따기 4   68
앞니 빠진 금강 새   70
바보   71
낙심   72
눈물이 난다   74
민초   76
보이지 않기 때문   78
물안개 낀 하루   79
당신의 햇살   80
말한 대로   82

제4부

저승꽃　85
언제까지 예수가　86
마지막 준비 1　88
마지막 준비 2　90
마지막 준비 3　92
마지막 준비 4　94
마지막 준비 5　96
빨간 단풍잎　98
무지개 꽃　100
자국　102
바꾸는 일　104
콩깍지　106
엄마 같은 사랑　108
나는　110
당신 덕분　112
비망록　114

해설 | 내 생명은 당신 덕분입니다　115
　　　 | 이승하(시인·중앙대 교수)

제1부

직장인

오늘 하루도
모든 것을 금세 태워버릴 것 같은 숨 가쁜 태양을
빌딩 너머로 밀어낸 둥근 달

주변엔 차가운 별들이 총총히 가득 채운다
갑가기 뒤바뀐 체온 뼈마디가 멈춘 깊은 밤
잔뜩 머금은 풀들은 밤이슬로 몸살을 했다

다시 돌아온 태양
이슬방울은 땅으로 떨어져 뒹굴고 이른 아침부터
풀들은 바람에 서로 부비며 아우성거리고

울창한 숲을 이룬 빌딩 속에서 꽃을 피우지 못하고
헐떡거리는 수많은 풀잎들
점점 시들어 죽어가는 곳에 내가 보였다

어느 무덤

이른 아침 겨울 산을 걷는다
길가에 서 있는 나무들 피를 다 쏟은 채
내장을 감추고 앙상한 뼈로 버티며
날짜를 세고 있다

화려했던 봄 여름 가을을 맞이했던
숲과 나무들 아무 말이 없다

언덕배기에 오르니 앞에 오래된 무덤이 있고
저 멀리 봉우리들 물안개로 자욱하다

수북이 쌓여 덮인 낙엽들
밤새도록 별과 달을 보지 못한
이름 모를 망자가 안타까워 쓸어주었다

아침 햇살에 물안개가 걷히자 또 다른 세상으로
나무들이 바람에 헐떡거리고 있다

치열한 생존 속에서 바짝 마른 뼈들
차가운 계곡 바람은 무덤을 타고 넘어와
땀이 찬 내 몸속으로 파고들어
속살이 돋아 오른다

가만히 날짜를 세어보니 봄이 멀지 않았다
이토록 추운 높은 곳에서
죽어서까지 꽃 한번 피워보지 못하고
숨 가쁜 바람 소리만 듣고 있는
저 사람

봄이 오기 전 여러 해를
나처럼 이렇게 힘이 들었을까

고통 1

늦가을 산길을 걸어가는데
밤송이가 툭,

육과 영이 분리된 밤송이
뱃속을 다 내보인 채
어서 빨리 꺼내 달라고
아우성이다

아직도 나뭇가지에 붙어 있는
밤송이 입 벌린 채
헐떡거리며 살려달라고 소리치고

땅바닥에는 즐비한 시체들이
이리저리 뒹굴고 있다

여기저기
흐느끼는 소리

고통 2

숲에 있는 수많은 풀잎들

밤새도록 맺히는
차가운 이슬방울

누가
언제
어디서
무엇을
어떻게
왜

우는지

아무도 보고 듣고 묻지를 않았다

고통 3

앞마당에 총총히 맺혀 있는
잎새들 눈물이 고여 있다

밤새도록 어둠 속에서
생사를 오고 가는 두려움
젖어드는 이슬방울

수술 후 밀려오는 아픔으로
하얗게 젖어버린 침대

얼마나 힘들고 무서웠을까

하늘의 별들은 달 뒤에 숨어서
목숨을 기다리고

달마저 구름에 가려 그 누구와
아픔을 나눌 자가 없었다

그러자 해가 뜨고

툭

땅바닥으로 떨어져 더 많은
파편들이 튀었다

적막

창밖에는 사분사분
눈 내리는 소리 들린다

이따금 앞산에서 나뭇가지 꺾이는
소리가 우지직
심장에 파동을 친다

은근히 찔러대는 가시 같은 아픔
하늘이 무너질 것 같은 절망이
어두운 적막을 가르고 있다

새벽을 밀어내는 햇빛이
소리 없이 찾아와 창문을 열고

숨 한번 길게 들이마시고
마신 숨 다시 깊게 뱉어낸다

춘수추사

봄날의 산통은 깊어

푸르게 멍든 여름은

울긋불긋 터져버린 가을

하얗게 덮어버린 겨울로

춘수추사*는

그렇게

손사래만 쳤다

---

*춘수추사(春愁秋思): 봄날의 시름과 가을날의 사색.

투병

물 한 방울 없는 돌에 붙어
사계절을 고통으로 움켜진
석곡(石斛)

제멋대로 뻗어나간 뒤틀린 뿌리와
날카로운 잎에 찔린 상처투성이

꽃도 피울 줄 모르는 그대가
얼마나 꽃을 피우고 싶었으면

어두운 밤에 홀로 몸부림치며
말도 못하는 차디찬 돌에 이끼를
움켜잡고 울부짖고 있다

계절이 바뀔 때마다 내리는
밤이슬이 다 달랐을 텐데

그럴 때마다 쌓이는 깊어진 병

하나씩 떨어지는 뿌리와 잎은
파랗게 멍들어 죽어가고 있다

봄은 오는데

나뭇가지마다 옹이 진 자국에
새 생명을 밀어 올리는 미세한 떨림의 소리
여기저기서 들린다

땅바닥은 사지를 버둥거리는
어린아이처럼 풀 구멍마다
입을 오므리며 젖을 빨고

창문을 뚫고 병실로 들어오는
따사로운 햇빛과 봄바람이 나를 감싼다

내일이 수술인 나를 삼켜버린 숲

낙엽 속에서 나온 지렁이가
쉴 새 없이 꿈틀거리며
죽을힘을 다해 도망을 간다

퉁퉁 부어오른 내 모습으로

위선자

돈과 권력의 맛에 취하자
늑대로 변해버린 눈과 얇아진 귀
부정과 부패로 짓밟은 말과 입
뱃속은 기생충으로 가득하고
멈출 줄 모르는 흉물 같은 위정자들
성인군자가 된 것처럼
아무리 갖은 말과 웃음으로 감추려고 하지만
민초들이 인정하지 않은 불쌍한 자들
머리에는 부스럼 자국이 선명한
언제나 배고픈 위선의 머슴일 뿐

갈대는

발정기로 하얗게 들판에 퍼진 갈대들
숨 가쁜 들숨과 날숨으로 몰아쉬며
위정자들이 만들어놓은 울타리 속에서
온통 짝짓기로 싸우며 죽고 죽이고 있다

병들고 힘없는 무지한 갈대를 이념과 논리로
무참히 짓밟아 베어내도 저항 한번 하지 못하고
죽어가는 서민들이 보인다

민초의 갈대는 새들이 찾아와 함께 울어도
눈물이 없어 수정을 못한 채
바람과 함께 쓰러져 흐느끼고 있다

곁에서 바라만 보고 있는 또 하나의 갈대
애간장이 탄 마른 줄기가 되어 휘청거리는
하얀 꽃
활짝 피어도 아무도 듣거나 보지를 않는다

오랫동안 내려온 관행으로 짓밟힌 상처투성이
갈대는 사랑의 꽃씨가 날아와 치유가 되어도
또다시 아픈 가슴에 불을 질러도 연기가 없다

여전히 발정기로 몸부림치고 피 흘리며
아우성거리는 백성들
갈대는 홀씨를 향해 하얗게 눈꽃으로 덮어버렸다

나는 똥싸개

하루 종일 배고픔으로
보이는 건 온통 퉁퉁 부어오른 밥

아침엔
밤새 늘어진 몸을 추스르고 꿀꿀거리며
약하고 힘없는 먹이를 찾아 헤매었다

점심은
치열한 싸움으로 손과 발이 퉁퉁 부은 채
힘 있고 강한 자들이 죽인 초밥들을
입속에 넣고 히죽거린다

저녁에
집에 들어오니 치고받은 뜨거운 밥들이
밥통에서 퉁퉁 부어 입을 벌리고 있다

하루 종일 뱃속만 채우려는 욕심으로
돼지우리 속에 갇힌 나는 똥싸개

희망

밤하늘엔
둥근 달

고개를 숙이면
달그림자 속에서
울고 있는
그녀가 보이고

고개를 들면
둥근 달 속에서
환하게 그녀가
웃고 있다

고아

배고플 땐 식탁에 앉아 함께 밥을 먹을 수 있고
아플 땐 아프다고 말할 수 있는 당신
한 이불을 지금까지 덮고 잘 수 있다는 것이
얼마나 행복한 것인지를 모르는
난 바보 같은 고아였습니다

결혼을 하여 육십 평생 하루도 쉬지 않고
가족을 위해 고생한 것이 쌓여
손과 발에 심한 관절통이 와서
밤만 되면 힘들게 뒤척이기만 하고
잠 못 이루는 것을 봅니다

아침이 밝으면 아픈 몸을 이끌고 또다시
회사로 출근을 하겠지요
말로만 그만 쉬라고 하는 난
돌아누워 베개만 움켜잡고 있습니다

돌아보니 당신은

내가 살아갈 수 있는 힘이었고
어머니 같은 사랑으로
나를 만들어준 사람이었습니다

세상 물정 하나도 모르는 철부지 외아들을
남편으로 맞이하여 가슴앓이하며 살아온 당신
지나온 세월을 생각하면
너무도 가슴이 아프고 부끄럽습니다

눈물로 용서를 구한다고 해도
잃어버린 시간이 다시 찾아올까요
아직도 철들지 않아 마냥 두렵습니다
혹시라도 내 곁을 먼저 떠나갈 당신일까 봐

굳은살만 벗겨내고

눈바람을 묵묵히 견뎌낸 오랜 나무
나뭇가지 매듭마다 튀어나온
굳은살이 보인다

봄바람이 불자 굳은살이 터지며
푸른 멍울을 내밀고 있다

활짝 핀 여름 꽃에 벌과 나비가
찾아와 짝을 맺고

화려한 가을 옷들을 입은 자식이
둥지를 찾아 떠난 곳에
옹이 진 매듭이 보인다

다시 시작되는 눈 내리는 겨울
빈집을 지켜야 하는 난

아무런 원망도 못한 채

아직도 남아 있는 자식들로
점점 두꺼워지는 굳은살만
벗겨내고 있다

위장술

거미는
곤충 같은 절지동물로
시커먼 뱃속에서 끈적끈적한
죽음의 하얀 실로 덫을 놓아

내 생각과 다른 사람은
누구든지 죽여야만 하는
진실을 왜곡하는
위선자

무엇이 그리도 두려운지
아무도 모르게 어두운 곳에서
발톱을 감추고 웃으면서
숨어 있다가

힘없고 약한 서민들만
거미줄에 걸려 버둥거리며
살려달라는데 머리부터 먹고

제2부

내 이름 석 자

하늘에 떠 있는 헤아릴 수 없는 별들을 쳐다보며
껌벅거리는 두 눈

언제 떨어질까 두려워 눈물로 고여 있다

적막한 병실에 누워 있는 밤
여러 개의 링거 주머니를 통해 반짝이는 빛을 본다

내 생명을 뚫고 손짓하는 별
고통으로 점점 지쳐가는 날갯짓으로 멀어져만 간다

아직도 저 하늘에 내 이름 석 자가 달 뒤편에서
반짝이고 있다

밤이 지나고 내 이름이 보이질 않자
고여 있던 눈물이 침대 바닥으로 떨어진다

흡혈귀

사월인데 마당에 미친 눈이 내린다
하루아침에 갑자기 뒤바뀐 계절
땅을 밟고 있는 모두가 아우성이다

이제 갓 올라온 냉이와 풀들이 깜짝 놀라
고개를 푹 숙인 채 두려움에 떨고 있다

머리부터 발끝까지 얼어오는 죽음을
한 번도 연습해 보질 못했기 때문

아무것도 할 수 없음에 땅바닥에 누워
울며불며 살려달라고 한다

눈 속을 뚫고 들어오는 햇빛을 애타게 쪼이며
발버둥을 쳐도 대부분은 얼어서 죽고
일부는 살아서 끝까지 뿌리를 움켜잡고 있다

갑자기 덮쳐버린 하늘의 재앙

암이란 흡혈귀가 와서 여섯 번의 죽음을
연습해 보았지만

사월의 눈은 혹독하게 멈추지 않고
지금도 내 몸속에 자리를 잡아 꿈틀거리며
하얗게 덮어 자꾸만 내 무덤을 파고 있다

고인돌 여인

선사시대부터 큰 돌을 떠받들고 사는
주춧돌 가슴앓이 여인

그 위엔 오랜 세월 비바람에 패인
멍든 고인돌이 보인다

며느리와 아내 그리고 엄마라는 이유로
비가 오고 바람이 불어도
꽃 한번 활짝 펴보질 못했다

무겁기만 했던 시부모와 네 명의 시누
그리고 두 명의 자식으로 화장 한번 제대로 못해 보고
입도 쓸개도 없는 벙어리 머슴이 되었다

오랜 세월을 그렇게 지내온 당신
이젠 세상이 바뀌어 주춧돌에서 벗어나
크고 넓은 고인돌에 앉아 밥상을 펴고
평생 못다 한 말들을 하고 살아갈 줄 알았는데

여인이란 운명적인 삶이
가슴에 묻어둔 깊은 상처 자국들로
여기저기 패여 있고

돌 주위엔 아직도 푸른 이끼가 잔뜩 붙어 있어
한 많은 고인돌 당신
꽃 한번 펴보지 못하고

거짓말 1

오래 살고
싶지 않다던
할머니

밥시간
지났다고

혼나는
며느리

거짓말 2

힘든 것 없냐고 물으면
괜찮다고 하면서

돌아서서 오는 내내

목젖을 막고 있던
침을 삼키고

말 못하는
병든 꽃잎을

감추면 감출수록
바람에 흔들려
자꾸만 떨어졌다

이별

작년에 부부동반으로 함께 걸었던 둘레길을 다시 찾았다 늦가을 단풍은 떨어져 바닥을 뒹굴고 가랑비가 추적추적 내리고 있다

모두가 제자리에 그대로 있는데 한쪽 부부만 없다 다시는 만날 수 없다는 생각에 비에 젖은 발걸음 무겁기만 하다

살아가는 동안 수많은 사람을 만나고 헤어져야 하는 것을 이미 알고는 있었지만 그토록 많고 많은 사람들 중 왜 당신이었는지를 물었다

만나면 죽고 못 살았던 친구가 내 마음을 이렇게 아프게 하고 저세상으로 갔는지를 눈 속에 두 갈래 길을 걸으며 깊은 눈물 자국을 남기고 내 앞을 지나가는 지렁이

눈 속에 머문 슬픔 눈꺼풀을 열고 나온 꿈틀거리는 물방울 땅바닥에 떨어지는 고통 산산조각 부서져 튀어 오르는 추억

무뎌졌던 내 마음 가랑비에 젖어 소름이 돋아 오른 살갗은 내 가슴을 파고

잘못된 만남

　오랜만에 헬스장에서 초등학교 친구를 만났다 정치에 입문하더니 성인군자나 된 것처럼 거들먹거리며 다가와 악수를 청한다

　자기가 힘들고 어려운 지역주민들을 위해 최선을 다했고 그 결과 살기가 많이 좋아졌다며 너는 어느 당을 지지하는지 물으며 자기네 당을 지지해 달라는 것이었다

　나는 이미 거의 모든 정치인들을 불신하고 있는데 상대당의 진영논리를 폄훼하며 비판하기 시작한다

　지역구의 민심을 제대로 파악하지 못하고 있는 안타까운 모습을 보면서 총명하고 정의로웠던 초등학교 때 기억이 떠올랐다

　친구들이 싸우거나 험담을 하면 앞장서서 말렸던, 신념이 곧고 공부도 잘하던 따뜻한 친구였다

너무도 변해버린 친구를 만나보니 내가 혐오하는, 전혀 다른 논리로 자꾸만 자기에게 억지를 쓰며 맞추려고 한다

신물 나는 정치를 외면하게 된 이유는 내 뜻과 맞지 않으면 적으로 몰아가며 선거 때만 되면 허리를 구십 도로 굽히는 가면 때문 그 가면을 벗어버린 친구가 되길 바랐다

그리고 법과 양심에 따라 진정한 머슴이 되어 존경받는 정치인이 되어보라고 했다 정말 그렇게 할까 믿어지지 않는 불신의 파동이 언제까지 계속될까

어머니와 아버지

오래된 책들을 정리하는데 갈피 속에서
툭 떨어진
흑백 부모님 사진이 보인다

없어진 사람
없어진 자리
없어진 사랑

그렇게 없어질 사람인지 몰랐던
나는 왜 그리도 못했는지

그 자리는 너무도 컸으며
내 가슴속에 한이 맺혀 있다

다시는 느껴볼 수 없는
그들만의 사랑을 그리워하며

봄의 여인

햇살을 잔뜩 머금은 흙바람이 분다
이제 막 올라온 젖멍울들

벌과 나비들이 자꾸 찾아와 사랑을 고백한다
첫 만남에 귓불이 빨개진 꽃잎

생소한 울림에 가슴이 두근거려
어쩔 줄 모르는 사알짝 입 벌린 꽃

아직도 나뭇가지를 잔뜩 움켜진
부끄럼 많은 봄의 여인

눈부신 햇살은 그녀의 가슴속으로 들어가
옷고름을 풀더니

바람과 함께 찾아온 홀씨가 들어가
성숙한 여인으로 화알짝 피어나고 있다

뒤바뀐 주인

밖에는 가랑비가 내리고 있다

언제부터인가 나는
집에서나 밖에서나 점점 목소리가 작아지고 있다

아내와 다툰 후
밖으로 나와 추적추적 내리는 빗줄기를 맞으며
어둑한 뒷동산 산길을 걷는다

소리 없이 내리는 빗줄기가 시끄럽게 울던
풀벌레를 멈추게 하더니 희미한 가로등
불빛마저 차단한다

주인이 뒤바뀐 두 눈 속에 머문 물방울
빗물과 함께 땅바닥에 떨어진다

어디서 나왔는지 퉁퉁 부은 지렁이
쉬지 않고 꿈틀거리며

아무 말 없이
자기 집을 향해 깊은 자국을 남기고 간다

다툼

왜 그리도 갑자기 미워졌을까
사십 년을 몸 부비며 살아왔는데

때론 비에 젖은 채 무지개를 같이 보며 웃었고
좁고 추운 방에서 창문에 보이는 별과 달을 보며
꿈을 꾸면서 한 이불을 덮었다

인생의 내리막길을 가는 피로감이 유난히
부풀어 오르는 노란 풍선이 되는 밤

한 번씩 가슴을 후벼 파는 거친 말로 미움이
하늘에 닿았다

말대꾸를 하다 보니 가슴이 터질 것 같아
도망치듯 빠져나와 하늘을 본다
노란 쪽배 달에 앉아 있는 두 사람이 보인다

가끔씩 검은 구름이 바람을 일으키며 그 앞을

지나가니 자꾸만 뒤뚱거리는 쪽배
어느 한쪽으로 기울어져 죽을지 몰라 아우성이다

주변에 별들은 큰일도 아닌데
속 좁아진 우리를 보며
이상한 듯 멀뚱멀뚱 쳐다보고 있다

갑자기 쪽배를 향해 다 타버린 죽은 별똥별이 날아와
구멍을 뚫고 쏜살같이 땅으로 떨어진다

저렇게 죽어서 떨어져 버리면 땅속에 묻혀
아무것도 아닌 것을

푸념

살던 곳을 떠나 정처 없이
날아가는 철새들

땅을 향해 소리 내며 울면서 간다

너나 나나 죽으면
손에 쥔 것 다 놓고

하늘로 갈 것인데

왜들 자기만 살겠다고
죽고 죽이기만 하여

자꾸만 점점 멀리
날아가야만 하냐고

금세라도 숨이 멎을 것만 같다

하얀 거품이 된 침들이
땅으로 떨어진다

너나 나나 결국은
죽는 것인 줄 모르고

이제야 알겠다

앉은뱅이 꽃들은
나무 위에 핀 꽃들을 쳐다보고만 살아도
원망 한번 하지 않는다

벌과 나비들도
차별하지 않고 찾아와
꽃을 피웠다

너나 나나
흙에서 태어났고

흙에서 나는 것을 먹고 살다가
수명을 다하면
흙속으로 떨어져

나와 같이 있을 것을
알고 있는 민들레꽃

높은 권력에 짓밟혀
납작해진 앉은뱅이

아랑곳하지 않고
노랗게 여기저기
피어나고 있었다

후회

보지도 못하고
듣지도 못하고
말씀도 못하는
부모님 묘 앞에
어른이 되어 서 있지만
석류처럼 일찍
배를 갈라
보이지 않았음에
나는 울고 있다

제3부

허물투성이

전쟁터에 나갈 채비를 끝낸 용사처럼
시커멓게 물을 머금은 땅과 나무들
숨죽이며 명령을 기다리고 있다

누구일까
명령을 하는 자와 기다리는 자

산 너머로 봄바람이 불고
푸른 제복을 입은 용사들은 일제히
함성을 지르며 땅과 나뭇가지를 뚫고
한 치의 오차도 없이 올라와
진격을 수행한다

나 자신
괜찮은 용사인 줄 알았는데
삼 개월 동안 결심만 반복하다가 중단하는
허물투성이였다

고추 따기 1

 오랜만에 휴가를 얻어 새벽부터 처갓집으로 향했다 거리가 멀어 차에서 내리자 피로가 한꺼번에 몰려와 기진맥진 툇마루에 철퍼덕 걸터앉았다

 개들이 계속해 짖으니 비닐하우스 문이 빼꼼이 열린다 오메 연락도 없이 서울에서 제부가 왔다며 오메 오메 어찌해야 쓸까나 어찌 할 바를 모르는 처형과 형님

 손을 저으며 지금 일하지 않으면 안 되니께 하던 일 마저 끝내고 보자며 멀리서 오느라고 힘들 텐데 어여 짐 풀고 쉬고 있으란다

 다시 수북이 쌓인 빨간 고추를 쏟아지는 아침햇살 아래 정신없이 다듬느라 구슬땀은 계속 흘러 손으로 훔치는데 외양간에는 소들이 밥을 달라고 울어대고 하룻강아지 그치질 않고 짖어댄다

 하우스에서 갑자기 탄식의 한숨이 터져 나오는 처형의 목

소리 농촌에서는 그나마 돈이 되는 것이 이것이라서 죽도록 일을 했는데 올해는 고추가 돼지지도 않고 풍작이 되어 이렇게 당신을 힘들게 한단다

 도회지 사람들은 그런 줄도 모르고 비싸다고 하고 농협에 있는 높은 사람들 수매도 제대로 해주지 않으면서 가격만 깎으려고 염병을 한단다

 구슬땀이 이마에서 줄기차게 떨어지는 두 부부를 보면서 아무 말도 못한 채 붉은 피를 토하며 누워 있는 고추만 쳐다보았다

고추 따기 2

수북이 쌓인 고추를 다듬고 말리는 것을 보고서 도저히 앉아만 있을 수가 없었다

긴 바지를 걷어 올리고 러닝 차림으로 지열이 훅 달아오르는 비닐하우스 속으로 들어가 널려 있는 고추를 다듬었다

처형은 가슴속에 가득 맺혀 있는 고춧값 폭락으로 속상함을 삭이지 못했는지 다시금 투덜거린다

그러자 형님은 이 사람아 빈말이라도 그런 소리 마소 그래도 이렇게 풍작이 되었으니 우리 같은 시골 사람이 살 수 있는 것 아닌가

흉작이 되었으면 더 힘들었을 것 아닌가 안 그런가 류 서방 난 잘 알지도 못하면서 그건 그렇지유 권력 가진 놈들과 도시 놈들이 이런 고생을 해봐야 아는데 전혀 모르지유 했다

류 서방이 무슨 죄가 있다고 바람 쐬러 왔다가 오메 오메

땀 흐르는 것 보소 멀리서 오느라 힘들었을 텐데 그만하고 들어가 쉬라고 한다

 알미운 태양은 쉬지도 않고 내리쬐어 비닐 속을 더욱 뜨겁게 달구고 내 몸은 어느새 땀으로 원망스런 빨간 고추와 뒤섞이고 눈은 따가워 계속 눈물만 흘리고 있다

고추 따기 3

처남하고 고추를 따고 내려오니 오래된 느티나무가 우뚝 서 있다 경운기를 나무그늘에 멈추더니 잠시 쉬어 가잔다 빨개진 얼굴로 땅바닥에 주저앉은 나에게 달구어진 열기가 잎을 뚫고 온몸으로 젖어들었다

고추잠자리 서너 놈이 눈앞에서 빙빙 돌더니 한 마리가 늘어진 내 어깨에 앉고 어느새 졸고 있는 나를 보고 일어난 처남 동상 어여 일어나 가세

경운기 앞에 앉더니 기어를 당기며 어서 빨리 뒤에 타란다 천근만근이 된 몸을 일으켜 맨 뒤쪽 빈자리에 다시 앉았다

저쪽 밭에는 모자를 푹 눌러쓴 부부가 힐끔 쳐다보더니 참깨와 콩깍지를 묶고 있다 어이어이 더운데 고생하소 그러자 고추 따고 오소 어이어이 뒤에 앉아 있는 분은 뉘쇼 어이어이 서울서 온 우리 처남

그러더니 또 한 번 엉덩이가 하늘을 향했다가 다시 떨어진

다 어이쿠 신음 소리 끝나자 우리 처남 엉덩이 몽땅 멍들겠구먼 어찌할까나

　돈도 안 되는 그놈의 고추 때문에 큰일 났네 다 왔응께 쬐깨만 참으소 잉 눈앞에 잔뜩 실려 있는 고추가 원망스럽다

고추 따기 4

고추밭에서 빨간 고추를 따느라
얼마나 땀을 흘리며 고생을 했는지
집에 도착하니 두 부부가 새삼 다르게 보였다

땀으로 젖은 온몸은 축 처지고
얼굴은 빨개져 머리가 몽롱해졌다

마당에는 우리 처남 힘들게 열심히 일했으니
제일로 살찐 암탉 잡는다고
형님은 닭장에서 한바탕 전쟁터다

처형은 나에게 소리를 치며 계속 펌프질을 하고
윗도리 벗고 수돗가 이리로 싸게 오라고 한다

겁먹은 표정으로 엉거주춤 두 팔을 뻗어 엎드렸다
큰 대야에 있는 물로 엎드려 있는 나에게
사정없이 바가지로 물을 퍼서 등목을 해준다

어이구 어이구 나 죽것네 천천히 천천히
숨 막히게 소리 지르는 나를
아랑곳하지 않고 물을 끼얹으면서
제부 시원하소 우린 이렇게 산다요

왜요 어떤데요 이렇게 사는 게 좋기만 하구먼
말은 그렇게 했지만 매일 이렇게 살라면
난 정말 죽을 것 같았다

앞니 빠진 금강 새

태어나 말을 떼면서 엄마 아빠만 알았는데
책상에 꽂혀 있는 그림과 단어들
새로운 공부와 숙제들로 꿈들이 수시로 변하고
내년이면 초등학생인 앞니 빠진 금강 새

제멋대로 행동하다가 엄마에게 혼이 나 울면서
자기 방으로 들어가더니 세게 문을 닫는다
안타깝기도 하여 살머시 문을 열어보니 어느새
책상에 엎드려 침 흘리며 자고 있다

눈에 넣어도 아까운 손녀 침대에 눕히고
꿈속에라도 내가 살았던 고향으로 잠시 데려가
뛰놀게 하고 싶어 이불을 가만히 덮고
눈에다 내 손을 대고 주문을 한다

앞니 빠진 금강 새
곤히 잠든 손녀의 침을 닦아주며
내 고향 그곳에 계속 머물게 하고 싶다

바보

사람들은
죽어가고 있다는 것을
아는지 모르는지

끝없는 욕심과
끝없는 욕망을
채우는 것이
끝없이 채울 수
없다는 것을
모른 채

오늘도 내일도
똑같이
죽는 꿈만 꾸고 있다

낙심

석가가
보여준
시멸(示滅)*

별처럼
반짝이지
못하고

중생(中生) 하지 못한
스님
생로병사의
고통에서
벗어나지 못하고

별똥별이 되어
떨어지니

몸과 마음에

깊은 상처로

목탁만
쉬지 않고
두드리고

---

*시멸: 중생들이 생로병사의 이치를 깨우치도록 석가가 자신의 죽음을 보여준 것.

눈물이 난다

좋은 사람 만나면 눈물이 나고
감동을 주면 눈물이 나며
죽을 것같이 사랑을 주고받으면
행복해서 눈물이 난다

아파서 누워 있는 나를 돕는
당신을 보면
고마워서 눈물이 나고

아파서 누워 있던 사람이 일어나면
좋아서 눈물이 난다

건강을 잃어 더 이상 아무것도
할 수 없어 죽음을 기다리는 걸 보면
슬퍼서 눈물이 난다

순간순간 살아있는 나를 보면
기뻐서 눈물이 나고

책을 보고 시를 쓸 수 있는
살아가는 이유 때문에
감사해서 눈물이 난다

민초

마당에 탱자나무들이 가지마다
가시로 가득하다

나뭇가지마다 가시를 피해
약한 곳을 뚫고 나온 하얀 꽃들이
진한 향기를 퍼트리며 벌들을
불러 수정을 한다

갑자기 나타난 몇 마리 말벌들이
힘없는 토종벌들의 허술한 경계를 뚫고 들어와
민초의 터전을 유린한다

서슬이 시퍼런 권력자들이
단속이라는 미명 아래
무참히 죽이며 빼앗고 짓밟는다

하루하루를 눈치 보며 버텨야 하는
길거리 노점상들

좌판에 팔고 있는 울퉁불퉁 못생긴
노란 탱자를 사러 온 서민들

칼로 잘라 맛을 보더니 얼마나 몸서리치도록
서글프게 자랐는지 시어 꼬부라져
먹지도 못하고 뱉어버린다

그것을 쳐다보고 있는 땅바닥에
바짝 엎드린 민들레꽃
밟으면 밟을수록 여기저기로 점점 퍼져나가
노랗게 피어나고 있었다

보이지 않기 때문

어릴 적
엄마가 안 보이면

내가 죽을 것 같아
울면서 찾았는데

어른이 되어
어머니가 안 보여도

울면서
찾지 않은 것은

돌아가신 엄마가
보이지 않기 때문

물안개 낀 하루

어젯밤부터 궂은비가 새벽까지 내렸다

창문 밖은 물안개로 덮인 채
불 꺼진 집들만 여기저기 보인다

맞은편 빈집에선 배가 고픈지 간간이 개들이 짖어대고
적막한 찬 기운만 내 몸을 감싼다

물안개가 걷히는 저 끝 동네 입구
좁은 길
하루 종일 낯익은 사람이 한 명도 보이질 않는다

내일이 추석인데

당신의 햇살

싱그러운 햇살과 함께 창문을 여는 하루
밤새 내린 비로 물을 흠뻑 머금은
시커먼 나무와 화초들

혹독한 겨울을 견뎌낸 야생화가
옹기종기 모여 살을 부비고
담장엔 화사하게 늘어진 개나리와
짙은 향기를 퍼트리는 라일락이
눈과 코를 마비시킨다

햇빛이 멈출 때까지
자연의 꽃들은 벌과 나비를 불러
꽃술을 부비고 봄바람에 취하여
축제로 이어가고 있는데

아무것도 할 수 없음에
왜 이리도 서글픈 마음만 드는지
저곳으로 돌아가 함께 머물고 싶다

좀 더 내 곁에 있어주지 못하고
떠나버린 두 분
사진 속에 있는 나를
쉬지 않고 햇살로 덥히고 있다

말한 대로

생각이 말이 되고
말이 행동이 되고
행동이 습관이 되고
습관이 성격이 되고
성격이 운명이 되어

당신을 힘들게 했습니다

오늘 하루도

부정적인 말로
함부로 했던 행동
습관처럼 못된 성격으로

당신을 죽였습니다

당신보다 내가 먼저 죽어
깨끗하게 다 지워버릴 수는 없나요

제4부

저승꽃

땅속에 묻혀 있는
저들만 알고 있는 꽃이 흐느껴 울고 있다

인연 끊었던 자식과 친척들
가진 것 하나 없다고 아무도 찾지 않고

외롭게 추운 방바닥에서 죽은 자
뒤늦게 이웃사람이 발견하여 국가에서
장례를 치렀다

깊고 어두운 좁은 곳 혼자만 누울 수 있는 곳
무겁고 단단하게 흙으로 둥글게 덮은 곳
다시는 나올 수 없는 캄캄한 곳
저승꽃이 피어 있는 곳

자식도 친척도 빈손으로 똑같은 곳을 갈 터인데

언제까지 예수가

지구의 자전이 만약에 멈추어 버린다면
흑암과 풀무로 덮어버려 울며불며 살려달라고 하겠지
굴레를 이탈하지 않고 침묵하는 것들이
아름답다는 것을 한 해 끝자락에 와서 느낀다

12월 25일 이천 년 전 지구 반대편 작은 베들레헴
마구간에서 가시관을 쓰고 십자가를 움켜쥔 채
태어난 아픔을 생각한다

만약에 예수가 태어나지 않았다면
별과 달이 부둥켜안고 살려달라고 애걸복걸하고
숲에는 나무와 꽃들이 밤을 새워 눈물로 지새웠을
수많은 날들을 생각한다

아무런 죄도 없이 우리를 위해 십자가에 매달려
피 흘리며 죽었건만
아무렇지 않은 듯 가만히 있다고 말이 없다고
고통이나 번민이 없다고 이야기하지 마라

길거리엔 반짝거리는 크리스마스트리와 캐럴송으로
당신의 태어남을 기린다고 하지만
세상 것에 취하여 비틀거리며 오가는 저들의 마음속에는
예수가 보이질 않는다

에덴동산에서 쫓겨난 후부터 지금까지 반복하며
짓고 있는 죄를 언제까지 용서해주어야
고통이 멈추어질까

마지막 준비 1

나에게 숨 쉴 수 있는 날을 의사가 정해 주자
순간 호흡이 멎어 몽롱해졌다

이런 일이 언젠가는 올 거라 알고는 있었지만
갑자기 눈물이 나왔다

무엇을 어디서부터 어떻게 해야 하는 것인지
아무것도 생각이 나질 않았다

환청으로 귓속을 맴도는 복잡한 내 마음
두 손을 꽉 쥐고 눈을 들어 하늘을 본다

오늘 따라 아무렇지도 않은 듯 상처 난 곳
하나도 없이 구름 한 점 보이질 않는다

누구나 한번은 다 겪어야 할 일인데
왜 이리도 황당하고 두려운지 모르겠다

그동안 투병을 하면서 천국의 영생을 바랐던 마음이
설마 변질된 것은 아니겠지

네 가지 암과 여섯 번의 수술로
벌써 그곳에 가 있어야 하는데
지금도 이렇게 여기에 있지 않은가

부질없는 욕심을 그토록 내려놓자고 했으면서도
마음 한 귀퉁이에 계속 꿈틀거리는 욕망이
못내 아쉽고 미워졌다

내 손을 잡고 위로를 하려는 당신의 미소가
자꾸만 어색하여 낯설기만 하다

마지막 준비 2

새벽을 맞이하는 것이 이토록 귀하고 소중한지
새삼 느끼는 순간
오늘도 세면을 하고 하나님을 만나러 간다

다시 한 번 나의 구원자이심을 고백하며
천국의 확신을 확인한다
오늘 하루도 굼벵이처럼 지나가길 바랐고
내가 챙기지 못한 것들이 무엇인가를 물어본다

아직도 미워하며 용서하지 못한 자
나의 잘못으로 상처를 받고 원망하는 자
나보다 더 힘들고 고통스러운 자를 위해
기도해 주지 못한 죄책감이 어깨를 짓누른다

나를 위해 베풀어 주신 많은 사람들에게
미처 고마움을 전하지 못했다면 일일이 찾아
감사의 뜻을 전해야겠다

투병을 하면서 서원했던 간증대로
대대손손 예수 믿는 가문으로 이어지길
간절히 기도했다

오늘은 내 육신도 어떻게 처리를 할 것인지
아내에게 확실하게 이야기를 해야겠다

연명치료는 하지 말고 화장을 하여
자식들이 가끔은 찾아올 수 있는 집 근처 가까운
납골당을 원한다고

마지막 준비 3

 숨 쉬는 마지막 날짜가 점점 다가오니까 매 순간이 아쉽고 안타까워진다 내가 평소에 늘 하던 것들을 다시는 할 수 없는 것처럼 느껴져 힘이 든다 그럴 때마다 십자가를 묵상하며 고통이 없는 영원한 안식과 부활로 위로를 하지만 개운하지가 않다

 오늘도 서재에 들어가 즐겨보던 시집과 에세이를 집어 들어 읽고 성경 필사를 한다 성경 말씀에 부모에 대한 구절이 나오자 갑자기 보고 싶어서 책장을 여니 오래된 앨범들이 가지런히 꽂혀 있다

 그중 아버님이 손수 만든 것이라며 생전에 나에게 물려주신 것이 눈에 들어왔다 앞장부터 한 장씩 넘길 때마다 흑백으로 된 백일과 돌 사진부터 성장해가는 과정을 보니 부모님도 늙어가고 계셨다

 옛 생각에 잠기니 눈물이 흘러 끝까지 넘기지 못하고 먹먹해진 가슴을 한동안 달랬다 바로 옆에 꽂혀 있는 내가 만든

빛바랜 앨범이 보여 마음을 가다듬고 한 장씩 다시 넘겨본다

  그 속엔 또 다른 많은 이야기로 너무도 비슷하게 닮아 있었다 내 자식들은 두 개의 앨범을 보면서 어떤 생각을 할까 한 세대가 바뀌어 자식들은 이런 고통이 없을 것을 모른 채 부질없는 생각에 고개를 흔들며 덮어버렸다

마지막 준비 4

   흐드러진 봄날 유난히 오늘따라 가슴이 답답하고 무겁기만 하여 밖으로 나가 가슴을 펴고 숨을 크게 들이마셨다가 내쉰다

   따뜻한 햇살은 여전히 변함없이 제자리에 있으며 똑같이 내리쬐고 있어 머리를 들고 얼굴에 흠뻑 담아 본다

   마당에 이름도 모르는 풀과 꽃잎을 자꾸 매만지고 있으니 새들은 무슨 일이 있냐고 비아냥대듯 몰려다니며 시끄럽게 나를 보며 짖어대고 있다

   어느새 내 옆에서 끙끙거리는 찰랑이 돌아보니 꼬리가 떨어져라 흔들면서 쳐다보며 왜 그러냐고 하면서 귀찮게 달려들고 있다

   활짝 핀 꽃들은 수의에 아름다운 색으로 수를 놓고 진향 향수로 내 몸을 감싸는 라일락에 취한다

꽃향기에 죽을 줄도 모르고 정신없이 이곳저곳을 다니며 집을 짓는 벌과 나비들을 보고 있는 나에게 햇살은 쉬지 않고 내 정수리를 덥힌다

아직은 춥다며 아내는 겉옷을 가지고 나와 덮어주고 죽어가는 내 손을 아무 말 없이 꼭 잡는다 내 생에 이토록 자연과 사람의 소중함을 느끼게 한 순간이 얼마나 있었나

마지막 준비 5

하루가 어떻게 지나가는지 모르겠다 누워서 움직일 수 없을 때가 오기 전 해야 할 일들이 너무나 많다

유언서도 다시 정리하고 시집도 마무리해야 하며 잘못했던 것들을 사죄도 받고 사랑했던 내 마음도 전해야 하니 만나고 싶은 사람도 많아졌다

내가 입었던 옷과 유품들을 정리하며 못내 다 이루지 못한 꿈을 아쉬워한다

천지를 창조하시고 인간을 만드신 하나님 내가 하지 못한 것들을 누군가 대신 채워 주실 거라 생각하니 조금은 마음이 편해져 왔다

홀가분한 내 마음 얼마 남지 않은 시간들 아내와 조용히 함께하고 싶다 내가 태어나 부모님만 알다가 당신을 만나 사십 년 넘게 살면서 서로의 환경과 성격이 달라서 다툼도 있었지

때론 어머니가 되었고 친구로 사랑하는 연인으로 아내로 평생을 같이 해준 당신 힘들고 어려운 세상을 살면서 고생만 시키고 내가 속상하게 한 생각만 나고 너무 미안해 눈물만 나온다

난 절대로 당신 곁을 영원히 떠나는 것이 아니다 천국에서 당신이 올 것을 준비하며 미리 가서 기다리고 있는 것뿐이다

그러니 여보 가슴 아파하거나 슬퍼하지 말기를 나로 인해 당신이 힘들거나 고통스러워하면 내가 더욱 힘드니까

빨간 단풍잎

소슬한 바람이 앞장을 서고 밤새도록
나뭇잎과 풀섶을 흠뻑 적셨다

당신과 함께했던 오솔길을 걸으며
가슴속에 묻어버린 지난날
빨간 단풍잎에 내 마음을 전하고 싶다

정수리를 덥히는 가을 햇살
울긋불긋 물들은 화려했던 기억을
마음껏 쏟아내고 있다

길가에는 코스모스가 나를 알아보는 듯
살랑거리며 반기고
하늘은 푸른 물감이 뚝뚝 떨어질 듯 맑다

햇빛 고운 바람 소리에 귀를 열던
코스모스 연분홍 꽃잎을 꽂아주며
사랑을 고백했다

우리의 사랑이 죽을 때까지
함께할 수 있게 해 달라고

그런 줄만 알았던 어느 날
돌이킬 수 없는 힘든 투병으로
우리의 꿈을 꺾어간 노란 단풍으로 물들어
온몸을 짓누르고 있다

찬바람이 불자 상처투성이로 바닥을 뒹구는
낙엽처럼 천길 벼랑 끝에 있는 나는
더 이상은 떨어지지 않으려고 안간힘을 쓰는
나뭇잎을 본다

무지개 꽃

오랜 투병으로 힘든 내 옆을 지키고 있는 당신에게
자꾸 잘못한 것들이 떠올라 미안하기만 합니다

아침까지 장대비가 내렸던 하늘에
어느새 오색 무지개 꽃이 피었습니다

창문을 활짝 열고 무지개를 보며 행복했던
저곳으로 들어갑니다

남산 길을 걷다가 지나가던 차에 빗물을 맞아
옷이 흠뻑 젖어도 하늘을 원망하지 않고
두근거림과 설렘으로 웃음이 끊어지지 않았던
꿈같은 기억들

조금이라도 더 함께 있고 싶은 마음
헤어져 이불을 덮어도 당신 생각에 잠 못 이루는
하얀 밤을 여러 날 보냈습니다

그렇게 화려하게 피기만 하는 줄 알았고
그렇게 영원히 있을 줄 알았는데
그렇게 쉽게 없어질 줄 몰랐습니다

다시 한 번 무지개 꽃이 핀다면
무늬 고운 옷을 입고
그 속으로 들어가 당신과 함께
아프지 않는 신혼생활을 하고 싶습니다

자국

철부지 아들이 흙을 잔뜩 묻힌 채
콧물을 흘리며 땀에 젖어 들어옵니다

책가방을 자기 방에 던지고 나에게 오더니
엄마를 찾습니다

순간 내 머릿속에는 당신으로 가득 차
나뭇가지에 피어 있는 붉은 꽃처럼
구름같이 떠오르는 기억들

앞가슴에 손수건을 차고 코를 훌쩍거리며
엄마를 놓칠까 두려워 치맛자락을 잔뜩
움켜쥔 조막만 한 손으로 등교를 했습니다

하교하고 집에 오면 제일 먼저 찾는
엄마는 나의 전부였습니다

결혼을 하여 아버지가 되었어도

어머니 집에만 오면 나는 어느새
코를 훌쩍거리고 있었습니다

그랬던 내가 엄마를 찾는 아들의 코를
손수건으로 닦아주고 있는데

거실에 걸려 있는 사진 속 당신이
빙긋이 웃고 있네요

바꾸는 일

몸에 베어버린 습관을 오늘 하루
바꾸어 봅니다

시기와 질투
미움과 분노
욕심과 욕망
거짓과 위선
교만과 죄악……
마음속에 감추고 있다가 죽어가는 줄 모르고
상처만 쌓여갔다

눈은 있는데 보질 못하는 자와
귀는 있는데 들을 귀가 없는 자에게
어떤 말을 하고 보여줘도 반발만 할 뿐

너무 답답하고 안타까워
생각을 바꾸게 해달라고 기도합니다

맞지 않는 사람과 통하는 것은
내가 먼저 마음을 바꾸는 것이었고

내 생각대로만 판단하고 살았던 것은
그 사람의 마음속에 있는 생각을
아무도 알 수가 없었기 때문

감추어진 내 생각과 습관을 바꾸는
낯선 오늘 하루
어느새 햇빛은 죽어가는 상처 난 곳까지 닿아
거꾸로 된 나를 말리고 있습니다

콩깍지

사랑이란 보여주면 줄수록 순수했던 모습이
어느새 독해지고 짙푸른 이끼로 가득해지는 것은
콩깍지로 덮인 생각이 벗겨지고
어두운 곳이 보이기 시작했다는 것이다

가끔은 다투고 싸우다 보니 어느새 자식으로
콩깍지가 옮겨가고 있었다
보여줄 틈도 없이 앞만 보고 허덕이다 보니
두 아들 결혼을 하여 멀어져 갔고

부모님이 한 분씩 세상을 떠나갈 때마다
슬픔은 헤아릴 수 없는 아쉬움과 후회로 가득했다
이제 더 이상은 보여주지도, 볼 것도 없다고
생각하고 있을 때 한 세대가 바뀌는 것을 보여주었다

손녀가 생겨 내 앞에서 재롱을 부리니
콩깍지가 다시 씌워져 아무것도 보이지 않는다
처음부터 왜 나는

콩깍지를 석류처럼 갈라 보이지 않았을까

속내가 빨갛게 감춰진 콩깍지가 어린아이같이
하나씩 터질 때마다
순수한 사랑의 향이 변하지 않고
지속되는 것을

엄마 같은 사랑

더 이상은 수술할 수가 없어
깊은 산속으로 투병하러 떠나야만 합니다

깊이 팬 눈 속에 담긴 근심
내 가슴은 울컥거리고 있습니다

차가운 바람은 몸을 휘감더니
모퉁이를 돌아 사라지고
아무도 먼저 말을 꺼내지 못한 채
눈물만 훔치고 있습니다

나를 쳐다보는 그 눈빛 무슨 말을 하려고 하는지
다 알고 있으니
아무 말을 하지 않아도 됩니다

나에게 더는 아무것도 해줄 수 없음에
괴로워하는 것을

여보, 그렇게 힘들어하지 마세요

나를 지켜주었던 따뜻한 당신의 체온이
아직도 내게 남아 있어 외롭지 않을 겁니다

죽음의 다리를 건너 사경을 헤맬 때에도
당신은 언제나 내 안에 있어서 두렵지 않았고
지금도 이렇게 있잖아요

아무 말 없이 나를 꼭 안아주는 당신
그것은 바로 가슴에서 품어내는
엄마 같은 사랑이 있기 때문 아닌가요

나는

나는 누구인가
옆에 걸려 있는 긴 거울로 내 모습을 본다

옛적 젊은 피가 솟아오를 땐 계절이 바뀔 때마다
설레는 꿈을 꾸며 화려하고 아름답게 조화를
이루어 삶과 사랑을 끊임없이 갈구했다

거센 풍파에 부딪쳐 넘어지면 오뚝이가 되어
툴툴 털어버리고 앞만 보고 새로운 꽃을 피웠다

어느새 희끗해진 머리와 안경 속에 보이는 주름살
몸과 마음이 자꾸 멍들어 가니
꽃을 피우기보단 가꾸기에 여념이 없다

해가 넘어갈수록 종착역에 가까워지자
멈추어 뒤를 돌아보니 너무 멀리 와서 다시는
돌아갈 수가 없다

매사가 급해지며 아쉬움만 가득해진 조바심에
가슴이 미어지듯 답답하다
그렇다고 내 힘으로 멈추게 하거나 돌이킬 수 없는 것을

그래
내가 누구인지 굳이 묻거나 알려고 하지 말고
지금처럼 하루 종일
나를 잊어버리고 사는 거다

당신 덕분

더는 고통스런 암을 미워하거나
원망하지 않겠습니다

당신과 함께 달을 볼 때마다
따뜻한 체온이 나에게 옮겨온다는 것은
한 이불을 덮고 있다는 의미

그 뒤에 차가운 별이
다가오는 예정된 죽음인 것임을 알고 있기에
한 송이 꽃을 피우고 싶습니다

헤어짐, 두려움, 아쉬움, 안타까움,
원망, 미움, 갈등, 고통, 슬픔, 절망, 절규,
조급함, 공포, 미련, 죽음……

지옥과 천국을 가는 것은 정해진 운명
천국에서 당신을 꿈꾸며 더 웃고
넘겨지는 달력에 조급함을 갖지 않고

시 쓰기를 중단하지 않겠습니다

힘들고 고통스럽다고 말하기보다
견디고 이겨내겠습니다
항상 주어지는 찰나에 감사하겠습니다

오늘도 내 곁에서 든든한 파수꾼이 되어
따뜻한 체온을 끊임없이 주고 있는
당신 덕분

비망록

나의 눈물은
영정사진 앞에 놓여 있는
한 송이 국화 꽃

나의 죽음은
북극과 남극을 오고 가는
한줌의 가루

나의 이름은
바람에 떨어지는
낙엽처럼 바스락

나의 비망록은
아직 채우지 못한
자유로운 영혼들의 외침

해설

내 생명은 당신 덕분입니다

이승하 시인·중앙대 교수

 2018년, 그해에 산문집을 내고 시단에 나와 바로 첫 시집을 냄으로써 경이로운 출발을 했던 류근홍 시인이 두 번째 시집 원고를 보내왔다. 약 100여 편 가운데 추려낸 것이라고 한다. 그의 산문집을 읽어본 사람은 알겠지만 류근홍 시인은 네 군데 장기에 암이 전이되어 여섯 번의 수술을 받았다. 지금 존재 자체가 기적인데 이렇게 열과 성을 다해 시를 쓰고 있다니, 하늘이 놀랄 일이다.

 청·장년기에 그는 건설현장을 누비고 다녔다. 건설인력을 통솔하는 일은 학력이나 인격으로 가능하지 않다. 완력과 담력, 체력과 술 실력으로 '산업 역군'들을 다스려야 하는데 류근홍 시인을 보면 믿어지지가 않는다. 키도 크지 않고 되게 순하게 생겼다. 그는 열사의 사막 중동에서도 6년을 근무했다. 3년 근무도 길어서 기진맥진하는데 그는 3년을 더 연장해서 일했다. 첫 시의 제목이 「직장인」인 것이 인상적이다.

오늘 하루도
모든 것을 금세 태워버릴 것 같은 숨 가쁜 태양을
빌딩 너머로 밀어낸 둥근 달

주변엔 차가운 별들이 총총히 가득 채운다
갑자기 뒤바뀐 체온 뼈마디가 멈춘 깊은 밤
잔뜩 머금은 풀들은 밤이슬로 몸살을 했다

다시 돌아온 태양
이슬방울은 땅으로 떨어져 뒹굴고 이른 아침부터
풀들은 바람에 서로 부비며 아우성거리고

울창한 숲을 이룬 빌딩 속에서 꽃을 피우지 못하고
헐떡거리는 수많은 풀잎들
점점 시들어 죽어가는 곳에 내가 보였다
―「직장인」 전문

샐러리맨 생활을 25년 하고 나와서 자기 회사를 차리고 동

분서주한 세월이 다시 15년이다. 직장인은 밤이라고 휴식을 취할 수 있는 처지가 아니다. 대한민국 서울의 빌딩이 밤에 다 불이 꺼지던가. 아니다. 이 시에서 직장인의 고생을 상징하고자 동원된 것이 '풀'이다. 밤에는 이슬이 몸에 내려 몸살을 하고 아침이 되면 바람에 서로 몸을 부비며 아우성을 친다. "빌딩 속에서 꽃을 피우지 못하고/헐떡거리는 수많은 풀잎들"은 바로 직장인의 모습이다. "점점 시들어 죽어가는 곳에 내가 보였다"고 했으니 얼마나 힘든 나날이었을까. 이른바 '목구멍'이 포도청이니 직장인은 아침에 눈만 뜨면 허겁지겁 밥을 먹고 빌딩을 향해 돌진해야 한다. 직장생활의 애환이나 보람을 그린 시는 더 보이지 않지만 우리 인간의 삶 자체가 얼마나 고통스러운가를 나타낸 시가 몇 편 있다.

> 아직도 나뭇가지에 붙어 있는
> 밤송이 입 벌린 채
> 헐떡거리며 살려달라고 소리치고
>
> 땅바닥에는 즐비한 시체들이
> 이리저리 뒹굴고 있다
>
> 여기저기
> 흐느끼는 소리

―「고통 1」 부분

밤새도록 어둠 속에서
생사를 오고 가는 두려움
젖어드는 이슬방울

수술 후 밀려오는 아픔으로
하얗게 젖어버린 침대

얼마나 힘들고 무서웠을까

하늘의 별들은 달 뒤에 숨어서
목숨을 기다리고

―「고통 3」 부분

 앞의 시는 대형 참사 현장에 대한 묘사 같다. 우리나라에서 1년에 한 번은 일어나는 대형 참사의 현장에는 수많은 사람의 아비규환이 육체에 가해지는 고통의 양과 질을 나타낸다. 뒤의 시는 병실에서의 고통이다. 수술을 받은 사람은 통증과 고립감과 싸워야 한다. 뭇 시인은 이 나라 사계절의 변화가 아름답다고 노래했었지만 류근홍 시인은 그렇게 하지 못한다.

봄날의 산통은 깊어

푸르게 멍든 여름은

울긋불긋 터져버린 가을

하얗게 덮어버린 겨울로

춘수추사는

그렇게

손사래만 쳤다

—「춘수추사」 전문

 제목 '춘수추사(春愁秋思)'는 봄철의 깊은 시름과 가을철의 온갖 생각을 뜻하는 한자성어인데 당나라 백거이의 시에 나온다. 꽃이 피어나는 봄에 시인이 느끼는 것은 뭇 생명체의 산통이다. T. S. 엘리엇의 장시 「황무지」에 나오는 "4월은 가장 잔인한 달/죽은 땅에서 라일락을 키워내고,/기억과 욕망을 뒤섞고,/봄비로 메마른 뿌리를 흔든다./겨울은 따뜻했었다./대지를 망각의 눈으로 덮어주고,/작은 목숨을 마른 뿌리로 먹여 살려 주었다"라는 유명한 구절을 연상시킨다. 여름은 "푸르게 멍든 여름"이요 가을은 "울긋불긋 터져버린 가을"이요 겨울은 "하얗게 덮어버린 겨울"이다. 어느 계절 할 것 없이 암담하다. 왜? 생의 고통과 비애를 누구보다 류근홍 시인이 잘 알고 있기 때문에 이런 구절이 나오는 것이다. 시인의 봄 풍경 묘사를 좀 더 들여다보자.

나뭇가지마다 옹이 진 자국에
새 생명을 밀어 올리는 미세한 떨림의 소리
여기저기서 들린다

땅바닥은 사지를 버둥거리는
어린아이처럼 풀 구멍마다
입을 오므리며 젖을 빨고

창문을 뚫고 병실로 들어오는
따사로운 햇빛과 봄바람이 나를 감싼다

내일이 수술인 나를 삼켜버린 숲

낙엽 속에서 나온 지렁이가
쉴 새 없이 꿈틀거리며

죽을힘을 다해 도망을 간다

퉁퉁 부어오른 내 모습으로
      ―「봄은 오는데」 전문

 대체로 봄노래는 희망의 노래다. 시의 소재는 개화이고 주제는 소생이다. 엄동설한과 북풍한파를 이겨내고 봉오리를 맺은 꽃나무가 꽃을 피워내는 경이로운 장면을 묘사하는 것이 예사였다. 「황무지」가 위대한 시로 평가받는 것은 그런 수많은 봄노래에 대한 반론이었고 부정이었기 때문이다. 엘리엇은 제1차 세계대전이 초래한 전 지구적인 비극을 다루었지만 류근홍 시인은 병마에 시달리는 인간 각자가 자신의 실존적 고통에 허우적대는 모습을 그리고 있다. 인용한 부분의 마지막 두 연의 상징성이 사뭇 처절하다. 지렁이는 비가 흠뻑 내렸기 때문에 지표면으로 나와서 생명력을 구가하고 있는 것인데 시인의 눈에는 쉴 새 없이 꿈틀거리며 죽을힘을 다해 도망가는 모습으로 비친다. 게다가 그 모습은 "퉁퉁 부어오른 내 모습"과 오버랩이 된다. 자, 이제 암세포와 싸우고 있는 시인 자신의 모습을 어떻게 그렸는지 한번 살펴보기로 하자.

 사월인데 마당에 미친 눈이 내린다
 하루아침에 갑자기 뒤바뀐 계절

땅을 밟고 있는 모두가 아우성이다

　　이제 갓 올라온 냉이와 풀들이 깜짝 놀라
　　고개를 푹 숙인 채 두려움에 떨고 있다

　　머리부터 발끝까지 얼어오는 죽음을
　　한 번도 연습해 보질 못했기 때문

　　아무것도 할 수 없음에 땅바닥에 누워
　　울며불며 살려달라고 한다
　　　　　　　　　　　　　　―「흡혈귀」 전반부

　사월인데 눈이 내리는 날이 있다. 봄이 왔음을 모르고 내리는 "미친 눈"이다. 이때 기절초풍하는 것은 땅에서 갓 올라온 냉이와 풀들이다. 이것들이 "고개를 푹 숙인 채 두려움에 떨고 있"는 이유는 "머리부터 발끝까지 얼어오는 죽음을/한 번도 연습해 보질 못했기 때문"이다. 냉이와 풀들은 "아무것도 할 수 없음에 땅바닥에 누워/울며불며 살려달라고 한다". 이런 식물의 모습은 포유류의 한 종인 자신의 모습으로 전이된다.

　　눈 속을 뚫고 들어오는 햇빛을 애타게 쪼이며
　　발버둥을 쳐도 대부분은 얼어서 죽고

일부는 살아서 끝까지 뿌리를 움켜잡고 있다

갑자기 덮쳐버린 하늘의 재앙
암이란 흡혈귀가 와서 여섯 번의 죽음을
연습해 보았지만

사월의 눈은 혹독하게 멈추지 않고
지금도 내 몸속에 자리를 잡아 꿈틀거리며
하얗게 덮어 자꾸만 내 무덤을 파고 있다
―「흡혈귀」 후반부

그저 일상에 부대끼며 정신없이 살아가던 작은 사업체의 사장인 류근홍에게 어느 날 암이라는 흡혈귀가 찾아와서 여섯 번이나 죽음을 연습하게 된다. "사월의 눈은 혹독하게 멈추지 않고/지금도 내 몸속에 자리를 잡아 꿈틀거리며/하얗게 덮어 자꾸만 내 무덤을 파고" 있지만, 그래서 "끝까지 뿌리를 움켜잡고 있"는 냉이와 풀들을 시인은 본받고자 한다. 이런 투병기도 쓴다.

꽃도 피울 줄 모르는 그대가
얼마나 꽃을 피우고 싶었으면

어두운 밤에 홀로 몸부림치며
말도 못하는 차디찬 돌에 이끼를
움켜잡고 울부짖고 있다
　　　　　　　　　―「투병」 부분

　말이 쉬워 암 투병이지 사실상 처절한 사투다. 한 장기를 엄습한 암만 해도 사람의 목숨을 빼앗아가는 일이 다반사인데 네 군데 장기에 침범한 암을 이겨내기 위해 여섯 번의 수술을 받았으니 시인은 생의 마지막 날을 준비하지 않을 수 없다.

네 가지 암과 여섯 번의 수술로
벌써 그곳에 가 있어야 하는데
지금도 이렇게 여기에 있지 않은가

부질없는 욕심을 그토록 내려놓자고 했으면서도
마음 한 귀퉁이에 계속 꿈틀거리는 욕망이
못내 아쉽고 미워졌다
　　　　　　　　　―「마지막 준비 1」 부분

　이런 절망적인 투병의 나날을 보내면서도 시인의 신앙심은 흔들리지 않는다. 참된 신앙심은 마음이 편한 상태에서 기도하는 중에 나오는 것이 아니라 욥처럼 크나큰 시련을 겪으면서도 흔들리지 않는 믿음에서 나오는 것이리라.

    새벽을 맞이하는 것이 이토록 귀하고 소중한지
    새삼 느끼는 순간
    오늘도 세면을 하고 하나님을 만나러 간다

    다시 한 번 나의 구원자이심을 고백하며
    천국의 확신을 확인한다
    오늘 하루도 굼벵이처럼 지나가길 바랐고
    내가 챙기지 못한 것들이 무엇인가를 물어본다

    아직도 미워하며 용서하지 못한 자
    나의 잘못으로 상처를 받고 원망하는 자
    나보다 더 힘들고 고통스러운 자를 위해
    기도해 주지 못한 죄책감이 어깨를 짓누른다

    나를 위해 베풀어 주신 많은 사람들에게
    미처 고마움을 전하지 못했다면 일일이 찾아
    감사의 뜻을 전해야겠다
                            ―「마지막 준비 2」 부분

국내의 기독교인 중에 시를 쓰는 이는 많지만 이토록 감동적인 시를 쓴 이가 또 있을까. 특히 인용한 부분의 세 번째 연과 네 번째 연은 참된 신앙인의 자세를 보여주고 있기에 눈물겹다. 겸손과 겸양, 배려와 헌신이 신앙인의 자세가 아니던가. 류근홍 시인은 병마가 들쑤시는 몸으로 새벽기도를 하러 간다. 그리고 위의 내용으로 기도한다. 아아, 하나님은 이 이승에서 해야 할 일을 마저 하고 오라고 암이라는 흡혈귀를 물리칠 힘을 내게 주신 것이 아닌가. 이번 시집의 시 중에는 유독 아내에게 고마워하는 내용, 미안해하는 내용이 많다.

> 아직은 춥다며 아내는 겉옷을 가지고 나와 덮어주고 죽어가는 내 손을 아무 말 없이 꼭 잡는다 내 생에 이토록 자연과 사람의 소중함을 느끼게 한 순간이 얼마나 있었나
> ―「마지막 준비 4」 부분

> 돌아보니 당신은
> 내가 살아갈 수 있는 힘이었고
> 어머니 같은 사랑으로
> 나를 만들어준 사람이었습니다
>
> 세상 물정 하나도 모르는 철부지 외아들을
> 남편으로 맞이하여 가슴앓이하며 살아온 당신
> 지나온 세월을 생각하면

너무도 가슴이 아프고 부끄럽습니다

　　눈물로 용서를 구한다고 해도
　　잃어버린 시간이 다시 찾아올까요
　　아직도 철들지 않아 마냥 두렵습니다
　　혹시라도 내 곁을 먼저 떠나갈 당신일까 봐
　　　　　　　　　　　　　―「고아」 부분

　시인의 아내는 병마에 시달리는 남편을 모성애적인 사랑으로 한결같이 아끼고 사랑한다. 시인은 외동아들이어서 세상 물정을 몰랐지만 아내의 도움으로 여기까지 왔다고 고백하기도 한다. 류근홍 시인이 겨우 자신의 사업체를 일으켜 자리를 잡을 만하자 암세포가 장기 이곳저곳을 침범한다. 마침내 시인은 유언을 하듯이 시를 쓰기에 이른다.

　　때론 어머니가 되었고 친구로 사랑하는 연인으로 아내로 평생을 같이 해준 당신 힘들고 어려운 세상을 살면서 고생만 시키고 내가 속상하게 한 생각만 나고 너무 미안해 눈물만 나온다

　　난 절대로 당신 곁을 영원히 떠나는 것이 아니다 천국에서 당신이 올 것을 준비하며 미리 가서 기다리고 있는

것뿐이다

그러니 여보 가슴 아파하거나 슬퍼하지 말기를 나로 인
해 당신이 힘들거나 고통스러워하면 내가 더욱 힘드니까
―「마지막 준비 5」 부분

이렇게 독자를 안타깝게 하는 시가 또 있을까. 내가 먼저 천
국에 가더라도 아내에게 가슴 아파하거나 슬퍼하지 말라고
한다. "천국에서 당신이 올 것을 준비하며 미리 가서 기다리
고 있는 것뿐"이므로.

이 시를 쓸 때, 그리고 이번 시집의 많은 시를 쓸 때, 시인은
울면서 썼다고 생각한다. 주기적인 진찰과 검사, 수술과 항암
치료를 진행하고 있지만 자신의 목숨이 바람 앞의 등불이요
해일 앞의 하룻강아지인 것을 너무나 잘 알고 있다. 그래서 유
사시에는 "연명치료는 하지 말고 화장을 하여/자식들이 가끔
은 찾아올 수 있는 집 근처 가까운/납골당을 원한다"고(「마지
막 준비 2」) 말하기도 한다. 그런데 이번 시집에서 시인은 자신
의 인적인 아픔만을 이야기하고 있지 않다. 이 시대를 함께 살
아가는 서민들의 아픔을 대신해서 말해주는 현실참여적인 시
가 여러 편 보인다.

서슬이 시퍼런 권력자들이

단속이라는 미명 아래
무참히 죽이며 빼앗고 짓밟는다

하루하루를 눈치 보며 버텨야 하는
길거리 노점상들
좌판에 팔고 있는 울퉁불퉁 못생긴
노란 탱자를 사러 온 서민들
―「민초」부분

다 팔아봤자 몇 푼 되지도 않는 물건을 팔고 있는 노점상을 "단속이라는 미명 아래/무참히 죽이고 빼앗고 짓밟는" 광경을 보고 분노할 줄 아는 시인이다. 예수도 지배자였던 로마의 총독 본시오 빌라도나 그의 꼭두각시였던 유대의 왕 헤로데에게 고개 숙이고 순응했던 인물이 아니다. 바리새파의 온갖 방해공작에도 당당하게 맞섰던 혁명가적인 인물이었다.

돈과 권력의 맛에 취하자
늑대로 변해버린 눈과 얇아진 귀
부정과 부패로 짓밟은 말과 입
뱃속은 기생충으로 가득하고
멈출 줄 모르는 흉물 같은 위정자들
성인군자가 된 것처럼

아무리 갖은 말과 웃음으로 감추려고 하지만
민초들이 인정하지 않은 불쌍한 자들
머리에는 부스럼 자국이 선명한
언제나 배고픈 위선의 머슴일 뿐

—「위선자」 전문

지금 이 시대에 위정자들의 이마를 향해 이와 같이 정문일침의 화상을 쏘아 보내는 사람이 류근홍 시인 외에 또 있을까. 청와대 주요 당직자들, 국회의원, 장·차관, 시장, 도의원, 시의원……. 이 가운데 청백리가 도대체 몇 명이 있는가? 신뢰받는 정치가가 도대체 누구인가?

병들고 힘없는 무지한 갈대를 이념과 논리로
무참히 짓밟아 베어내도 저항 한번 하지 못하고
죽어가는 서민들이 보인다

민초의 갈대는 새들이 찾아와 함께 울어도
눈물이 없어 수정을 못한 채
바람과 함께 쓰러져 흐느끼고 있다

—「갈대는」 부분

압제자에 대한 저항의 의지를 보여주면서도 시인은 체제순

응적인 서민들에 대한 비판의식도 함께 보여준다. 1980년대에 이런 시가 발표되었더라면 류근홍은 대표적인 민중시인으로 추앙받았을 것이다. 도대체 이런 용기가 어디서 나오는 것일까.

거미는
곤충 같은 절지동물로
시커먼 뱃속에서 끈적끈적한
죽음의 하얀 실로 덫을 놓아

내 생각과 다른 사람은
누구든지 죽여야만 하는
진실을 왜곡하는
위선자

무엇이 그리도 두려운지
아무도 모르게 어두운 곳에서
발톱을 감추고 웃으면서
숨어 있다가

힘없고 약한 서민들만
거미줄에 걸려 버둥거리며

> 살려달라는데 머리부터 먹고
> ―「위장술」 전문

정치가들은 대체로 권모술수의 대가들로 호언장담과 감언이설이 주특기다. 약속을 안 지키는 것은 그렇다 치고 진실을 왜곡한다. 거미가 줄을 쫙 쳐놓고 아무도 모르게 어두운 곳에서 발톱을 감추고 웃으면서 숨어 있다가 힘없고 약한 서민들이 거미줄에 걸려들면 버둥거리며 살려달라는데 머리부터 먹는다고 한다. 무서운 비판의식이다. 해설자는 류근홍 시인이 건설현장에서 사주가 주는 봉급을 탈 때나 사주가 되어 봉급을 줄 때나 관청의 비리를 신물 나도록 보았기에 이런 시를 쓰게 되었다고 생각한다. 시인은 「잘못된 만남」이라는 시에서는 초등학교 때 친구를 헬스장에서 만난 경험을 들려준다. "친구들이 싸우거나 험담을 하면 앞장서서 말렸던, 신념이 곧고 공부도 잘하던 따뜻한 친구"가 정치에 입문하더니 사람이 확 달라진다. "지역구의 민심을 제대로 파악하지 못하고" 있는 것만 해도 안타까운데 "상대 당의 진영논리를 폄훼하며 비판하기 시작"한다. 시인은 친구에게 "법과 양심에 따라 진정한 머슴이 되어 존경받는 정치인이 되어보라고" 했지만 그럴 것 같지 않다고 내심 혀를 찬다.

이제 마지막으로 이번 시집을 통해 행한 류근홍 시인의 두 가지 다짐을 살펴보기로 한다. 하나는 아내에 대한 감사의 마음과 시에 대한 열정이다.

> 지옥과 천국을 가는 것은 정해진 운명
> 천국에서 당신을 꿈꾸며 더 웃고
> 넘겨지는 달력에 조급함을 갖지 않고
> 시 쓰기를 중단하지 않겠습니다
>
> 힘들고 고통스럽다고 말하기보다
> 견디고 이겨내겠습니다
> 항상 주어지는 찰나에 감사하겠습니다
>
> 오늘도 내 곁에서 든든한 파수꾼이 되어
> 따뜻한 체온을 끊임없이 주고 있는
> 당신 덕분
>
> ―「당신 덕분」 부분

 이승에서도, 아아 천국에 가서도 시 쓰기를 중단하지 않겠다고 맹세하고 있다. 그리고, 이렇게 지금 살아 숨 쉬며 시를 쓰고 있는 것이 "따뜻한 체온을 끊임없이 주고 있는/당신 덕분"이라고 하면서 감사하는 마음을 전한다. 시집은 마침내 다음과 같은 감동적인 시로 끝난다. 마치 베토벤의 5번 교향곡의 마지막 악장 끝부분을 듣는 듯 장엄하다.

나의 눈물은
영정사진 앞에 놓여 있는
한 송이 국화 꽃

나의 죽음은
북극과 남극을 오고 가는
한 줌의 가루

나의 이름은
바람에 떨어지는
낙엽처럼 바스락

나의 비망록은
아직 채우지 못한
자유로운 영혼들의 외침

―「비망록」 전문

　우리는 모두 자신의 임종 순간이 카운트다운 되고 있음을 모른 채 살아가고 있다. 어리석은 인간들은 그래서 도박을 하고 마약을 하고 보이스피싱을 하고 타인을 음해하고 살인까지 한다. 하지만 영원히 사는 인간은 없다. 때가 되면 다 가야 하는 세계가 있다. 류근홍 시인은 자신에게 암이라는 흡혈귀가 엄습했을 때 자신의 마지막을 시를 씀으로써 예비하기 시작했다. 아내에게 진심으로 감사하기 시작했다. 신앙 간증도 하기 시작했다. "나의 비망록은/아직 채우지 못한/자유로운 영혼들의 외침"이라고 했으니 이제 우리 독자가 기다려야 할 것은 류근홍 시인의 제3시집이다. 암 투병을 하면서 그가 세상을 향해 쏘아 올리는 찬란한 언어의 불꽃놀이를 보면서 해설자는 그저 감탄하고 감동할 뿐이다.

이 도서의 국립중앙도서관 출판시도서목록(CIP)은 서지정보유통지원시스템 홈페이지
(http://seoji.nl.go.kr)와 국가자료공동목록시스템(http://www.nl.go.kr/kolisnet)에서
이용하실 수 있습니다.(CIP제어번호: CIP2020006538)

문학의전당 시인선 0317

당신 덕분입니다

ⓒ 류근홍

초판 1쇄 인쇄	2020년 2월 19일
초판 1쇄 발행	2020년 2월 26일
지은이	류근홍
펴낸이	고영
책임편집	이리영
디자인	헤이존
펴낸곳	문학의전당
출판등록	제448-251002012000043호
주소	충북 단양군 적성면 도곡파랑로 178
전화	02-852-1977
전자우편	sbpoem@naver.com
ISBN	979-11-5896-456-6 03810

*이 책의 판권은 지은이와 문학의전당에 있습니다.
*양측의 서면 동의 없는 무단 전재 및 복제를 금합니다.
*잘못 만들어진 책은 바꿔드립니다.